UNE PAGE

sur la

FAMILLE FOUQUET

A PROPOS DE L'EXIL DE MADAME FOUQUET A LIMOGES

ET DE L'ABBÉ FOUQUET A TULLE

PAR

ÉMILE FAGE

TULLE

IMPRIMERIE CRAUFFON ADMINISTRATIVE ET COMMERCIALE

10, rue du Fouret et place Saint-Bernard, 1

1879

UNE PAGE

SUR LA

FAMILLE FOUQUET

A PROPOS DE L'EXIL DE MADAME FOUQUET A LIMOGES

ET DE L'ABBÉ FOUQUET A TULLE

PAR

ÉMILE FAGE

TULLE

IMPRIMERIE CRAUFFON ADMINISTRATIVE ET COMMERCIALE

10 rue du Fouret et place Saint-Bernard, 1

1879

EXTRAIT

DU

BULLETIN DE LA SOCIÉTÉ DES LETTRES, SCIENCES ET ARTS

DE LA CORRÈZE

—

(Octobre 1879)

—

A PROPOS DE L'EXIL DE MADAME FOUQUET A LIMOGES

ET DE L'ABBÉ FOUQUET A TULLE

On rapporte que Mazarin, à son lit de mort, dit au roi : « — Sire, je vous dois tout, mais je m'acquitte avec Votre Majesté, en lui donnant Colbert (1). » Un tel présent ne pouvait venir plus à propos et dans un moment plus critique pour la fortune du pays, qui était au pillage.

Colbert était la probité même, unie à une fermeté de caractère inflexible. Son amour de la justice, sa sagacité extraordinaire, son esprit d'ordre et de contrôle, sa justesse de coup d'œil, en faisaient un ennemi redoutable pour les manieurs d'argent, les commis souverains et les mangeurs du bien public. Dès longtemps déjà, du vivant de Mazarin, il avait vu clair dans les désordres financiers qui ruinaient la France et s'était promis d'en faire justice; tout en se rangeant sous la main du grand ministre, qui y avait contribué plus que personne, il ne laissait pas de rougir des dilapidations et voleries du cardinal, pour lequel, dans le fond de sa conscience, il n'avait aucune estime.

Mais, ne pouvant s'attaquer à Mazarin, son protecteur et son maitre, dont le patronage lui était encore

---

(1) *Mémoires de Choisi*, p. 579.

nécessaire, et dont les talents avaient rendu à la France d'éminents services, il résolut de frapper celui de tous les puissants du jour qui avait le plus de crédit et de renom, qui personnifiait en lui, avec un éclat sans pareil, l'esprit d'intrigue au pouvoir, la rapacité repue et triomphante, le filoutage poétisé et divinisé, celui qu'on appelait le roi des traitants, le surintendant Nicolas Fouquet.

Il fut merveilleusement servi dans ses desseins par Louis XIV. Le jeune monarque n'aimait pas Fouquet dont l'importance lui faisait ombrage, dont les artifices l'irritaient, et qui n'avait pas craint, disait-on, de chasser sur ses terres, en cherchant à lui ravir le cœur de Mlle de la Vallière.

Nicolas Fouquet fut arrêté le 5 septembre 1661; l'instruction de son procès dura trois ans.

Des poursuites de même nature étaient dirigées, en même temps, contre les premiers financiers de l'époque. Colbert, avec l'impassibilité d'un chirurgien de génie, avait mis la plaie à nu et taillait dans le vif. Il n'était pas de situation, si haute qu'elle fût, qui trouvât grâce devant lui. Un sieur Guénégaud, d'une grande famille de Paris, qui a laissé son nom à une rue voisine de l'Institut, était mis à la Bastille. Gourville, Bruant, traitants considérables, étaient condamnés à mort par contumace. Le financier Dumont était pendu. C'était dans la haute finance et dans le monde qui en dépendait — intendants, commis, receveurs des tailles, notables des villes, maltôtiers et agents de toutes sortes, détenteurs à un titre quelconque des fonds publics — un désarroi et une épouvante qui ne sauraient se décrire. Ce qu'on a appelé la *Terreur* de Colbert dura ainsi plusieurs années et fit connaître au royaume le règne de la loi.

Si les privilégiés qui en souffrirent, si leurs nombreux adhérents crièrent à la persécution, la province qui ne profitait pas des libéralités de Fouquet et de ses complices, les gens de travail, le petit peuple excédé d'impôts, étaient loin de se plaindre des rigueurs du roi ; ils se réjouissaient au contraire d'un état de choses qu'ils considéraient comme un commencement de justice et, dans beaucoup de villes, encourageaient, applaudissaient l'honnête terroriste Colbert.

De tous les procès qui occupèrent l'opinion publique, celui de Fouquet était le plus considérable. Il les dépassait tous en importance et en intérêt, à cause de la situation exceptionnelle du surintendant, de sa prodigieuse fortune, de ses largesses royales, de ses relations à la cour, dans la magistrature et l'armée. Les meilleurs esprits, Turenne, Mme de Sévigné, La Fontaine, avaient pris parti pour lui. Toute une armée d'amis puissants et fidèles était rangée à ses côtés. On avait trouvé dans les papiers saisis par ordre du roi, à sa résidence de Saint-Mandé, un vaste plan de conspiration. Il avait des militaires à sa solde. Plusieurs capitaines des gardes n'avaient pas craint de prêter serment entre ses mains. Enfin, à tout évènement, il s'était préparé à Belle-Isle, en Bretagne, un refuge fortifié, pourvu de munitions et garni d'artillerie.

Tel était l'homme qui fut condamné le 4 décembre 1664, à Paris, par la chambre de justice, au bannissement perpétuel. Colbert s'était montré implacable jusqu'au bout. Le roi n'avait pas tû son sentiment : il désirait la mort de Fouquet. Le soir de la condamnation, chez Mlle de la Vallière, il ne put retenir ce mot cruel : « Si Fouquet avait été condamné à mort, je l'aurais laissé mourir. » Il pouvait commuer la peine, il l'aggrava. Le bannissement fut changé en un emprisonnement dans une forteresse. Ce n'était plus de la justice ; c'était l'arbitraire dans la cruauté au service de la toute-puissance. L'esprit public, qui avait été d'abord défavorable à Fouquet, avait fini par s'adoucir et prendre pitié. « L'acharnement de ses ennemis et les rigueurs du roi, dit M. Guizot, ont failli faire acquitter Fouquet par l'histoire comme par ses juges. »

Le surintendant ne fut pas seulement frappé dans sa personne ; ses meilleurs amis furent enveloppés dans son désastre. Tous les membres de sa famille furent atteints, traqués, relégués dans diverses villes du royaume. M. de Béthune, fils du comte de Charrost, qui avait épousé une fille que Fouquet avait eue de sa première femme, fut exilé avec elle. Ses quatre frères, l'archevêque de Narbonne, l'évêque d'Agde, l'écuyer du roi et l'abbé Fouquet partagèrent sa disgrâce.

Le 19 décembre 1664, Mme de Sévigné écrivait à M. de Pomponne : « Ce matin, le roi a envoyé son chevalier du guet à mesdames Fouquet, leur recommander de s'en aller toutes deux à Montluçon, en Auvergne, le marquis et la marquise de Charrost à Ancenis, et le jeune Fouquet à Joinville, en Champagne. Sa bonne femme a mandé au roi qu'elle avait 72 ans, qu'elle suppliait Sa Majesté de lui donner son dernier fils, pour l'assister sur la fin de sa vie, qui apparemment ne serait pas longue ; pour le prisonnier, il n'a pas encore su son arrêt. On dit que demain on le fait conduire à Pignerol, car le roi change l'exil en prison. » Les ordres du roi furent rigoureusement exécutés, et le surintendant fut conduit sous la garde du capitaine d'Artagnan et de cinquante mousquetaires dans la forteresse de Pignerol.

Toute communication était interdite entre le prisonnier et sa famille. Mme de Sévigné, si attentive à ce qui intéressait alors son malheureux ami, qui trouvait que le roi lui refusait sa femme contre toutes les règles, parle dans une lettre au comte de Grignan d'un gentilhomme fort attaché au surintendant, qui venait d'être condamné aux galères pour cinq ans, comme coupable d'avoir servi à faire tenir à Mme Fouquet une lettre de son mari.

Avant d'être reléguée à Montluçon, Mme Fouquet avait fait diverses résidences. Le jour même de l'arrestation du surintendant, le roi donnait ordre de la conduire en Limousin. C'est ce qui résulte d'une lettre du marquis de Coislin au chancelier Séguier, en date du 5 septembre 1661 : « Sa Majesté nous a déclaré ensuite qu'elle avait donné les ordres nécessaires pour faire conduire le surintendant au château d'Angers et sa femme en Limousin. »

Mme Fouquet était donc dirigée sur Limoges, en même temps que son mari était conduit au château d'Angers.

S'il faut en croire les mémoires de l'époque, la surintendante, au temps de sa prospérité, avait été une personne vaniteuse à l'excès, extrêmement fière de son rang ; elle passait pour afficher les prétentions et se donner les airs d'une princesse du sang, que ne justifiait pas sa naissance. Le capitaine d'Artagnan, dans les curieux mémoires qu'il a laissés, s'en explique ainsi (1) :

« Fouquet s'en faisait accroire, tout de même que s'il eût été de la côte de saint Louis ; sa femme était encore bien moins que lui, mais cela n'empêchait pas qu'elle ne le surpassât encore en vanité. Elle était insupportable là-dessus, et je lui avais ouï dire une fois qu'elle ne s'étonnait pas, si Madame, femme de Gaston, duc d'Orléans, s'était retirée à Blois, par ce qu'il valait mieux être la première de son village que la seconde à Paris ; l'on dit même qu'elle avait mis en tête à son mari d'acheter une souveraineté quelque part et de s'y en aller achever ses jours avec elle. »

Hâtons-nous d'ajouter, à sa décharge, qu'autant

---

(1) *Mémoires de d'Artagnan*, t. III, p. 433.

elle avait été orgueilleuse et vaine dans les années de sa prospérité, autant elle se montra resignée, humble et dévouée après l'arrestation de son mari. Il semble que le malheur avait remis en sa place, dans un simple milieu de vertus bourgeoises, cette fastueuse reine de la finance. Elle était vraiment devenue *la bonne femme* dont parle Mme de Sévigné. Son crédit, sa fortune, les amitiés qui lui restaient, elle ne s'en servit plus que dans un but unique, pour soulager son mari, le consoler, le rattacher à la vie. Il n'est pas de stratagèmes qu'elle n'imagina, d'aventures qu'elle n'osa, pour faire pénétrer dans sa prison de ses nouvelles, des nouvelles de leurs parents, les encouragements de l'amitié, l'espoir d'un adoucissement prochain.

On estima d'autant plus, dans le monde d'alors, la conduite de Mme Fouquet, qu'autour d'elle, dans sa propre famille, il y avait eu des défections scandaleuses, celle notamment de sa belle-sœur, la femme de l'écuyer du roi, qui, au lieu de suivre son mari dans sa mauvaise fortune, lui tourna brusquement le dos et le laissa se débattre avec les chevaliers du guet.

M. François Ravaisson a recueilli divers documents, empruntés pour la plupart à la Bibliothèque nationale et aux archives de la guerre, publiés sous le titre : *Les Archives de la Bastille,* et dont quelques-uns ont trait au séjour de Mme Fouquet en Limousin (1).

Nous en avons extrait la lettre du marquis de Coislin au chancelier Séguier, qui porte la date mémorable du 5 septembre 1661, jour de l'arrestation de Fouquet à Nantes, et qui annonçait l'exil à Limoges de Mme Fouquet.

---

(1) *Archives de la Bastille,* documents inédits, recueillis et publiés par François Ravaisson.

L'intendant de la province du Limousin se nommait Claude Pellot. Il avait été avisé de l'arrivée prochaine à Limoges de la surintendante. Soit pour plaire au ministre, soit qu'il eût reçu des instructions pour suivre de près et surveiller en voyage l'illustre exilée, soit enfin que le hasard l'eût uniquement servi dans cette circonstance, il fit la rencontre, chemin faisant, à Fontenay, le 12 septembre 1661, de Mme Fouquet et le même jour il en écrivait à Colbert dans les termes qui suivent (1) :

« *Claude Pellot à Colbert.* — *Fontenay, 12 septembre 1661.*

» J'ai trouvé en cette ville (Fontenay), en chemin faisant, Madame la Surintendante qui prend la route de Limoges ; je crus lui devoir une civilité que je lui rendis, ce dont elle fut fort satisfaite ; elle me témoigna qu'il y avait deux jours que des gens de Belle-Isle l'étaient venus trouver qui disaient qu'il n'y avait point encore personne de la part du roi ; qu'elle leur avait donné de nouveaux ordres, afin que, quand ceux de Sa Majesté arriveraient, ils fussent exécutés sans remise. Je lui répartis qu'elle ne pouvait rien faire de plus avantageux pour M. le Surintendant, et ensuite après l'avoir entretenu de quelques discours convenables à l'état où elle est, pour adoucir sa douleur, je me retirai. Elle séjourna hier ici, et elle en est partie ce matin ; elle fait fort petites journées et va lentement, dans quelque espérance où elle est que l'on pourra changer son ordre pour aller à Limoges. »

Donc Mme la Surintendante ne se pressait pas, voyageait à petites journées, multipliait les occasions

---

(1) *Archives de la Bastille*, t. I, pp. 360, 361. (Bibliothèque nationale).

de séjour, et cela, pour donner à ses amis le temps d'agir, espérant toujours quelque contre-ordre, un relâchement dans les dispositions du roi, la permission de s'enfermer avec son mari dans le château d'Angers, où il était alors détenu, tout au moins de s'en rapprocher. Elle arriva enfin à destination, après un long mois de voyage.

L'intendant Claude Pellot écrit le 5 octobre 1661 (1) à Colbert :

« Madame la Surintendante s'est retirée à Limoges, dans l'abbaye de la Bayle (2), dont l'abbesse s'appelle Verthamond et parente proche des parents de ce nom. Elle a souvent des nouvelles de M. Fouquet, et quasi tous les jours, et a fait disposer, à ce que l'on m'a dit, des chevaux sur le chemin d'Angers à Limoges pour cet effet. »

Mme Fouquet n'était pas femme à perdre courage et à lâcher pied, dès les premiers obstacles. En même temps qu'elle entretenait, comme on vient de le voir, une correspondance active avec son mari, au moyen de chevaux placés sur le chemin d'Angers à Limoges, elle ne se lassait pas de solliciter à Paris, mettait en mouvement ses amis, demandait à tout prix son déplacement. — Le chancelier Séguier, Louvois, d'autres personnages de marque, demeurés fidèles à son amitié ou touchés de son infortune, intercédaient pour elle. Les exprès, porteurs de missives suppliantes, se succédaient sur la route de Paris. Mais le roi, peu favorable à un rapprochement qui eût pu faciliter l'évasion du prisonnier, se montrait inflexible. Il permit toutefois à Mme Fouquet de quitter l'abbaye de la Règle,

---

(1) *Archives de la Bastille*, p. 379.

(2) C'est une erreur du copiste sans doute ; il s'agit ici de la célèbre abbaye de la Règle, qui était située à côté de la cathédrale de Limoges.

pour prendre logement dans la maison même de l'intendant.

Ce dernier, en effet, dans une lettre à Colbert, du 8 octobre, s'exprime ainsi :

« Madame la Surintendante est toujours logée en ma maison, à Limoges. Elle est plus affligée qu'à l'ordinaire, n'ayant pas de trop bonnes nouvelles de M. Fouquet (1). »

Ce simple changement de logement avait été accepté avec reconnaissance par Mme Fouquet, qui comptait bien mettre à profit l'hospitalité de l'intendant, le gagner à sa cause, tout au moins le faire servir à ses vues. Elle y voyait un commencement de clémence, qui lui faisait concevoir l'espérance d'un changement prochain dans son état. Aussi redouble-t-elle, à cette date, d'instances auprès du roi pour rejoindre son mari à Angers.

Le ministre Le Tellier, au nom du roi, lui adresse le 5 novembre 1661, une lettre respectueuse et polie, mais qui ajourne ses espérances :

« *Le Tellier à Madame Fouquet*. — *Fontainebleau, 5 novembre 1661.*

» J'aurais fort souhaité, Madame, de pouvoir joindre à cette lettre la dépêche de Sa Majesté, dont vous avez besoin pour être reçue à Angers ; mais je suis obligé de vous dire que Sa Majesté n'a pas jugé à propos de vous l'accorder présentement, par des considérations qui regardent son service, et que, si vous vouliez différer quelques mois à renouveler votre sollicitation, il y a lieu d'en espérer un favorable succès (2).... »

---

(1) *Archives de la Bastille*, p. 380. (Bibliothèque nationale).
(2) *Archives de la Bastille*, t. I. p. 392. (Archives de la guerre).

Nous avons vu que Mme Fouquet avait établi un véritable service de poste à son usage sur le chemin de Limoges à Angers. Ce mode de correspondance n'était pas sans inconvénient, offrait de sérieux dangers. On pouvait surprendre les lettres, les envoyer au roi, y trouver prétexte à de nouvelles rigueurs. Mme de Sévigné nous a appris à quelles peines s'exposaient les courriers employés à ce service. Les gentilshommes les plus dévoués à Fouquet, ne se risquaient qu'en secret, avec toute sorte de précautions. Ce n'était rien moins, aux yeux de Colbert, qu'un crime d'Etat de prendre le parti du surintendant.

L'intendant Pellot avait bien mandé à Colbert que Mme Fouquet avait fait disposer des chevaux sur le chemin d'Angers, mais n'affirmait rien, ne savait rien de positif, constatait une simple rumeur.

Pour éloigner les soupçons et dépister les argus de Colbert, la surintendante prenait d'ingénieux détours, adressait de fréquentes lettres au ministre lui-même, avec prière de les faire tenir à son mari, sachant bien qu'elles seraient lues, placées sous les yeux du roi, n'y mettant, en conséquence, que ce qui convenait.

Nous en avons la preuve, dans une lettre du ministre Le Tellier au capitaine d'Artagnan qui était préposé à la garde de la personne de Fouquet :

« *Le Tellier à d'Artagnan,* — 22 *novembre 1661.*
— *Fontainebleau.*

» Je vous envoie une lettre que madame sa femme lui écrit, laquelle Sa Majesté trouve bon que vous lui rendiez. Sur cela, je dois vous dire que l'on a avis ici qu'il y a des chevaux de relai de Limoges à Angers qui servent à voiturer des gens que Mme Fouquet y envoie fréquemment pour avoir des nouvelles de monsieur son mari, et quoique Sa Majesté se persuade bien que ce commerce n'est établi que pour savoir simplement l'état de sa santé, néanmoins à toutes bonnes fins j'ai eu ordre de vous en avertir (1). »

Voilà donc la correspondance en partie double de Mme Fouquet fort compromise. L'attention du ministre est éveillée; d'Artagnan est avisé de ce qui se passe, *à toutes bonnes fins*. C'est le moment choisi par la courageuse surintendante pour renouveler ses sollicitations ; elle ne peut se faire à l'idée que le jeune monarque ne cèdera pas à un bon mouvement ; elle le circonvient de toutes façons, lui dépêche les gentilshommes les mieux en cour, l'environne des plus respectueuses instances.

Le roi finit par se laisser toucher et lui permet de quitter Limoges. Nous trouvons, à la date du 25 novembre 1661, une lettre datée de Fontainebleau, qui fait part à la surintendante des nouvelles dispositions de Sa Majesté à son égard :

« *Le Tellier à Madame Fouquet. — Fontainebleau, le 25 novembre 1661.*

» Madame, j'ai fait tenir à M. Fouquet la lettre qui était jointe à celle que vous m'avez fait l'honneur de m'écrire le 17 du courant, et j'eusse bien souhaité de pouvoir joindre à ces lignes la permission que vous demandez de vous aller enfermer avec lui, mais comme les mêmes raisons qui ont obligé Sa Majesté de vous refuser cette grâce il y a déjà quelque temps subsistent toujours, Sa Majesté m'a commandé de vous écrire que vous ne devez pas encore espérer cette faveur de quelques mois, et cependant sur ce que je lui ai représenté de l'incommodité que vous receviez du mauvais air de Limoges, elle m'a ordonné la dépêche suivante, par laquelle elle vous permet d'en partir pour vous rendre à Saintes. Si dans les occasions j'étais assez heureux pour que mes très humbles services vous pussent être utiles, je vous supplierais

---

(1) *Archives de la Bastille*, p. 399. (Archives de la guerre).

humblement, madame, de me vouloir commander (1)..... »

Les lettres échangées au sujet du séjour de Mme Fouquet en Limousin cessent ici. Il est probable que la surintendante profita avec empressement de la permission royale et se rendit, sans perdre de temps, à Saintes. Cette nouvelle résidence lui offrait l'avantage de la rapprocher d'Angers, par conséquent du malheureux prisonnier, vers lequel tendaient toutes ses pensées et tous ses efforts, et qui était devenu l'unique objet, depuis sa chute, de ses préoccupations, de ses alarmes et de ses tendresses.

La noble conduite de Mme Fouquet toucha vivement ses contemporains ; jamais on n'eût soupçonné un pareil attachement de cœur, une telle constance dans le dévouement, cette imperturbable fidélité que rien ne décourageait et ne rebutait, dans la surintendante frivole et vaniteuse qui avait traversé les temps heureux de sa vie avec le faste insolent d'une parvenue et l'éclat d'une reine.

Le dévouement de l'épouse infortunée a mis en oubli les faiblesses de la femme. Il a fait, pour la mémoire de son mari, autant que Mme de Sévigné, La Fontaine et Pellisson. Un pareil exemple est à citer dans l'histoire des grandes familles déchues et foudroyées. Celui de Mme Fouquet intéressera toujours les hommes de cœur.

Quelques années après que la surintendante eût quitté Limoges, l'abbé Fouquet, son beau-frère, qui déjà avait eu plusieurs résidences, était exilé à Tulle.

C'était un singulier personnage que cet abbé Fou-

---

(1) *Archives de la Bastille*, p. 400. (Archives de la guerre).

quet, et, puisque nous l'avons eu pour hôte, il convient de nous y arrêter un instant.

Il appartenait à une race aujourd'hui disparue, celle des abbés de cour, à cette race d'abbés instruits et frivoles, aptes à gouverner comme à divertir le monde, aussi portés aux affaires qu'aux plaisirs, menant de front avec la même aisance la grande politique et les intrigues les plus vaines, ayant des visées à la Richelieu et faisant des tours à la Gil-Blas, race ingénieuse et fine, pleine d'industrie et d'entregent, plus spirituelle que scrupuleuse, non dépourvue de patriotisme à ses heures, et dont notre cardinal Dubois, tout homme de rien qu'il était, peut passer pour le modèle accompli.

L'abbé Fouquet avait été, de bonne heure, discerné et poussé par le cardinal Mazarin qui se connaissait en hommes, qui aimait les esprits à idées et à expédients, qui surtout les voulait dociles et asservis à ses vues.

Il n'aurait dépendu que de lui de jouer le rôle qui échut à son frère Nicolas Fouquet; mais il était trop paresseux pour cela, trop ami de ses aises et de ses plaisirs. Il se servit de la faveur de Mazarin pour élever sa famille et faire un surintendant de son frère. L'affection entrait pour beaucoup moins dans ses calculs que l'ambition personnelle. Fondateur de la fortune de sa famille, il comptait en rester le maître et tirer parti de ses charges sans en avoir le fardeau. La glorieuse ascension de son frère le déconcerta; il ne s'attendait pas à un aussi prodigieux succès; il avait trop bien réussi.

Un jour vint où l'étonnante fortune du surintendant lui fit perdre toute mesure, et les premiers coups qui lui furent portés, chose triste à dire, vinrent de lui. C'est lui, en effet, qui, après avoir établi son frère dans la confiance du cardinal, s'appliqua ensuite à la ruiner; c'est lui qui le dénonça comme un ministre prévaricateur et voleur des deniers publics.

Le capitaine d'Artagnan nous en a laissé un portrait qui vient ici à sa place et mérite d'être rapporté :

« Ce n'était pas le surintendant qui avait donné commencement à la fortune de sa famille, mais l'abbé qui était un homme d'intrigues et d'une ambition démesurée. C'était même lui qui avait fait son frère surintendant, après lui avoir fait épouser en secondes noces Mlle de Castille, qui était un grand parti. Il eût bien pu, s'il eût voulu, avoir lui-même cette charge ; mais il aimait tellement son plaisir que la crainte d'être gêné, fit qu'il aima mieux que son frère l'eût que de se charger de ce fardeau. Il comptait que, comme il lui en aurait l'obligation, il n'agirait, pour ainsi dire, que par ses mouvements ; mais le surintendant, qui avait tout aussi bon appétit que lui, ne se vit pas plustôt en place qu'il ne voulût ni maître ni compagnon, à moins que d'y être obligé...

» L'abbé ne souffrit qu'avec peine le procédé de son frère qu'il qualifiait de noire ingratitude. Ainsi, oubliant bientôt les devoirs du sang qui lui devaient être sacrés, il découvrit au cardinal quantité de petits tours de passe-passe dont son frère s'était servi, à ce qu'il prétendait, pour faire passer dans ses coffres ce qui devait être pour ceux de Sa Majesté. C'était pousser la vengeance bien loin que d'aller jusque là contre son propre frère ; mais sa passion lui ôtant la raison, il ne tint plus d'autre langage que celui-là au cardinal, parce qu'il vit qu'il prenait plaisir au mal qu'il lui en disait (1)..... »

Le portrait n'est pas flatté, comme on vient de le voir. Il manque pourtant quelques traits essentiels à cette physionomie déjà passablement odieuse. C'est

---

(1) *Mémoires de d'Artagnan*, t. II, p. 464.

un chroniqueur du temps, Guy Joly, qui va nous les fournir (1); il nous montre l'abbé à nu, rusé, hardi, cynique, capable de tout, se plongeant et se vautrant, pour être agréable au cardinal, dans toutes sortes de basses intrigues, lui servant d'entremetteur et d'espion, ne reculant devant aucun métier, faisant même celui de dévaliser les courriers, de détrousser les voyageurs pour surprendre le secret des correspondances.

M. de Chantelauze, dans un mémoire publié par Sainte-Beuve (2), emprunte au même chroniqueur un autre fait, qui complète le portrait et renchérit sur le tout, qui témoigne, même en ces temps troublés de la Fronde où les partis brillaient surtout par l'absence de tous les scrupules, d'un excès de scélératesse inimaginable. Le cardinal sortait, disgracié et vaincu, de son duel avec le coadjuteur. La fortune s'était déclarée contre lui. La cour, les parlements, les grands du royaume, le peuple n'avaient pas assez d'outrages pour « le Mazarin; » un décret de bannissement venait de lui faire passer la frontière. Le cardinal s'était retiré à Brülh, une petite ville située à quelques lieues de Cologne, d'où il correspondait avec la reine et quelques affidés, notamment avec l'abbé Fouquet. « Ce fut à cette époque qu'il (l'abbé) offrit au ministre exilé d'assassiner le coadjuteur, de le couper en morceaux, de le saler et de le lui expédier dans une caisse. Mazarin réprima le zèle trop vif et trop compromettant de son *bravo*, mais il lui garda toute sa confiance et continua de correspondre avec lui. »

Qu'il y eût dans une offre aussi abominable plus de vantardise que de résolution sincère, cela est probable; toutefois, ce que nous savons du personnage et le soin que prit Mazarin de réprimer le *zèle trop vif*

---

(1) *Mémoires de Guy Joly.*
(2) *Port-Royal*, par Sainte-Beuve, appendice, t. V, p. 537.

de son coupe-jarret de serviteur donnent grandement à penser (1).

C'est cet abbé Fouquet, l'âme damnée de Mazarin dont parlent les mémoires du temps, le joyeux disciple d'Epicure, le bienfaiteur et le persécuteur de son frère, qui était expédié à Tulle dans les premiers mois de l'année 1666. Il avait été exilé dès 1661. Depuis lors il était en instance pour obtenir sa grâce, tout au moins un adoucissement de peine. Le ministre Louvois, avec lequel il avait eu de bonnes relations, était son correspondant ordinaire, recevait lettres sur lettres. L'abbé ne pouvait se faire à l'idée que ses services fussent méconnus à ce point. Il n'avait dénoncé son frère au cardinal, que dans un intérêt supérieur et d'ordre public ! Comment le roi n'en viendrait-il pas à le mieux juger? — Le contraire de ce qu'il espérait arriva. Son odieuse conduite ameuta contre lui la ville et la cour. La pitié fut pour celui qui, du moins généreux, était tombé de si haut.

L'abbé Fouquet eut le traitement qu'il méritait. Pendant la longue instruction du procès de son frère, il donna la mesure de la plus étroite sécheresse de cœur et du peu qu'il valait.

L'immense désastre de sa famille était le moindre de ses soucis. Il n'était sensible qu'à sa propre infortune, à la privation de Paris, de ses plaisirs, de ses relations mondaines. Il n'est pas de ruses et de manœuvres qu'il n'ourdit pour se soustraire à la surveillance dont il était l'objet, pour se rendre *incognito* à Paris, y reprendre son train de vie ordinaire.

A Avallon, l'une de ses premières résidences (c'est

---

(1) Il faut être juste et ne pas oublier que Guy Joly était secrétaire du coadjuteur. Le récit au fond peut être vrai ; mais ce qui s'y trouve d'excessif, le raffinement et l'assaisonnement doivent être laissés au compte du trop dévoué secrétaire, qui ne croyait jamais en avoir dit assez sur Mazarin et ses partisans.

d'Artagnan qui raconte le fait), il se fit tout d'abord, en arrivant, passer pour malade, pris de vertiges, afin d'éviter les visites et de laisser s'accréditer le bruit que *le malheureux abbé Fouquet* était à toute extrémité. Les médecins de l'endroit furent adroitement gagnés à ses desseins ; il les avait prévenus de son état de maladie, dans diverses rencontres, notamment dans les dîners et repas qu'il leur avait offerts pour les mieux faire entrer dans ses vues. Ceux-ci avaient pris la chose argent comptant et répandu le bruit en ville que Fouquet ne survivrait pas au coup qui l'avait frappé, qu'il était gravement atteint et pris de vertiges du plus mauvais augure.

Cette mise en scène avait parfaitement réussi. On croyait le bonhomme au lit ; il courait à Paris les aventures et les ruelles. A Paris comme en province, on était dupe du stratagème, et le vigilant Colbert lui-même qui s'informait fréquemment, pour raison d'Etat, de la santé de l'abbé, y était pris comme les autres :

« Pour mieux détourner les soupçons, quand il allait à Paris, il faisait mettre son valet de chambre au lit, comme si c'eût été lui-même, puis envoyait chercher un médecin à trois ou quatre lieues de là, comme s'il eût été bien malade ; le stratagème lui avait réussi à plusieurs reprises ; le médecin qui ne le connaissait pas avait pris aisément le valet de chambre pour lui (1). »

Mais les récidives de l'abbé lui firent tort et finirent par démasquer son jeu.

Nous empruntons à d'Artagnan la suite de l'histoire :

« Comme l'abbé avait accoutumé d'être amoureux douze mois de l'année, le chagrin d'être éloigné de ses maîtresses l'avait déjà fait pester plusieurs fois contre l'ordre qui lui faisait perdre son temps dans un vilain

---

(1) *Mémoires de d'Artagnan*.

trou, pendant qu'il eût pu l'employer plus agréablement ailleurs.

» Colbert qui avait ouï parler des fredaines de l'abbé avait envoyé un courrier à Avallon. Celui-ci n'eut rien de plus pressé que de demander à l'hôte, dans l'hôtellerie où il était descendu, s'il était vrai que l'abbé fût allé à Paris; l'hôte répondit qu'il n'était nullemeut en état d'aller à Paris à moins qu'on ne prit soin de l'y conduire, pour le mettre aux petites maisons.

» Le courrier s'en retourna donner cette nouvelle à Colbert, qui le crut comme les autres et le divulga même, heureux toutes les fois qu'il avait à dire quelque chose de désavantageux sur la famille du surintendant.

» Il en parla à Hervart qui avait été contrôleur des finances avant lui, avait fait de bons coups dans cette place et était un des plus gros milords de Paris.

» D'Hervart qui en savait long sur l'abbé détrompa M. Colbert, lui apprit comment l'abbé venait de temps en temps à Paris, mais *incognito*. Colbert n'en voulait rien croire; il lui dit qu'en effet ce bruit avait couru en ville, qu'il avait envoyé un courrier à Avallon, que ce courrier l'avait trouvé gisant dans son lit, rempli de vertiges.

» Ce à quoi d'Hervart répliqua qu'il ne faisait pas dépense d'espions et était mieux servi; qu'il savait que l'abbé était à Paris il y a quarante-huit heures, qu'il le tenait de gens qui avaient bu et mangé avec lui.

» Hervart, pressé, ajouta que c'était une maîtresse qu'il avait qui le lui avait dit. »

Le fait fut vérifié sans retard, reconnu exact, et il s'en suivit pour notre malade imaginaire un changement de résidence et une surveillance plus étroite.

Le ministre Le Tellier écrit le 16 janvier 1665 à M. Bourget, lieutenant-général de Bazas :

« L'abbé Fouquet a été envoyé à Bazas, d'où il ne

doit pas s'absenter et où M. Bourget doit le surveiller (1). »

C'est probablement au sortir de Bazas, que le remuant abbé fut relégué à Tulle. Il y arriva, comme nous l'avons dit, au commencement de l'année 1666. A peine installé dans sa nouvelle résidence, il s'adressa à Louvois, lui représenta que jamais il ne pourrait s'y acclimater, que l'air de Tulle lui était insupportable et qu'il s'accommoderait mieux d'une petite ville voisine, de Brive.

Louvois lui répondit le 14 avril 1666 :

« Monsieur, si j'avais pu penser que Brives vous eût été plus agréable que Tulle, je l'aurais représenté au roi, et je crois que Sa Majesté, qui témoignait alors de l'indifférence pour l'un ou l'autre lieu, vous aurait volontiers envoyé à Brives. Depuis que j'ai reçu la lettre que vous m'avez fait l'honneur de m'écrire le 1er de ce mois, j'ai représenté à Sa Majesté la proposition que vous faites pour le changement de votre séjour ; je l'ai appuyé des meilleures raisons que j'ai pu, mais j'ai eu la mauvaise fortune de ne pas persuader le roi, et Sa Majesté a témoigné qu'elle ne désirait point toucher à ce qu'elle avait fait. M. le marquis de Bellefonds, qui a connaissance de ma conduite et des sentiments de Sa Majesté, n'aura pas manqué de vous en informer (2). »

L'abbé Fouquet ne se tint pas pour battu. Les prétextes ne manquaient pas à cet esprit fertile en expédients. La saison des eaux était proche. Il manda à Louvois que Sa Majesté, si elle ne daignait pas consentir à lui assigner une autre résidence, aurait sans doute la bonté de lui permettre d'aller prendre les eaux à Sainte-Reine, et il le priait d'agir en ce sens.

---

(1) *Archives de la Bastille*, t. II, p. 396.
(2) *Archives de la Bastille*, t. III. p. 12. (Archives de la guerre).

La réponse de Louvois est du 16 juin 1666 :

« Monsieur, je crois que le roi vous aurait donné la liberté d'aller prendre les eaux à Sainte-Reine, si Mgr l'archevêque de Narbonne (son frère) n'avait eu une semblable permission; j'eusse en même temps proposé à Sa Majesté votre abbaye de Bourgogne pour les y prendre, mais comme vous ne m'expliquez ni son nom ni sa situation, et que je ne les sais pas, je ne l'ai pu faire. Que si vous connaissez que votre santé ne puisse souffrir l'air de Tulle, vous pouvez en proposer une autre, et je me persuade que Sa Majesté y donnera les mains. Il est sans doute que tout autre que vous chargerez de ce que vous avez à demander au roi réussira beaucoup mieux que je ne saurais faire, mais je vous assure que personne ne s'emploiera pour vous avec plus de sincérité (1).... »

Il est à présumer que, sur cette lettre, Fouquet proposa au roi son changement de séjour et que sa demande fut agréée. Les archives publiées par M. Ravaisson ne contiennent aucun autre document qui se réfère au séjour de l'abbé à Tulle.

Nous n'avons pas à le suivre plus loin. Le silence, du reste, s'était déjà fait sur la famille Fouquet. Des nombreux amis de la première heure, les uns étaient morts, les autres s'étaient dégagés et dispersés. Les merveilles de Versailles avaient laissé bien loin derrière elles les splendeurs des fêtes de Vaux. Le jeune roi de Mlle de la Vallière était devenu le grand roi. Le *Songe de Vaux* (2) avait passé comme un songe. Il n'était plus question du surintendant. Le bon La Fontaine, son meilleur ami, se consolait dans la compagnie de Mme la duchesse de Bouillon. Pellisson était

---

(1) *Archives de la Bastille*, t. III, p. 14. (Archives de la guerre).

(2) Allusion aux *Fragments du Songe de Vaux*, un des premiers ouvrages de La Fontaine, composé en l'honneur de Fouquet.

devenu le secrétaire de Louis XIV. Mme de Sévigné ne citait même plus son nom et, à la mort du surintendant, elle ne trouva que ce mot à dire : « Le pauvre Fouquet est mort !

— L'histoire de cette grande famille prit fin au milieu de l'indifférence universelle, au moment où la clémence du roi semblait lui promettre des jours meilleurs. Elle obtint l'autorisation, en mai 1679, d'aller s'établir auprès du surintendant, mais elle put à peine en profiter. Nicolas Fouquet mourut le 23 mars 1680, à l'âge de soixante-cinq ans ; l'abbé Fouquet était mort deux mois auparavant, le 31 janvier de la même année.

Il était permis d'espérer, à ce moment, si Fouquet eût survécu aux mauvais jours, que le roi Louis, maître absolu de son royaume et en possession de toutes les gloires, n'ayant plus à redouter désormais ni cabales ni complots, se serait décidé à délivrer le prisonnier du Pignerol.

Le surintendant, rendu à la liberté, aurait peut-être, par un de ces retours de fortune qui ne furent pas rares sous le long règne de Louis, recouvré la faveur dont il avait joui autrefois. Bon nombre de ceux qui avaient été frappés avec lui étaient revenus sur l'eau et rentrés en grâce, témoin son habile et heureux complice, le financier Gourville, qui, après avoir été condamné à mort par contumace et pendu en effigie à Paris, faillit devenir contrôleur-général, fut employé, au nom du roi, par M. de Lyonne, dans des missions fort délicates et laissa une fortune suffisante pour faire le bonheur de quatre-vingt-treize neveux et nièces.

Allons ! la triste fin qu'a eue Fouquet vaut encore mieux pour l'honneur du grand siècle et la morale de l'histoire.

TULLE, IMPRIMERIE CRAUFFON. 1079.

www.ingramcontent.com/pod-product-compliance
Lightning Source LLC
Chambersburg PA
CBHW060901050426
42453CB00011B/2067